THÉISME ET MATÉRIALISME

ÉTUDE PHILOSOPHIQUE

SUR

# DIEU ET L'AME

SPINOZA — CONDILLAC — HÉGEL

MM. LITTRÉ, TAINE, SCHOPENHAUER, ETC.

PAR

**GUSTAVE GRAND**

Professeur libre.

Athéniens, ce que je vous dis est la vérité
(PLATON. *Apologie de Socrate.*)

PARIS

LIBRAIRIE DES AUTEURS

10, RUE DE LA BOURSE, 10

—

1868

PANTHÉISME ET MATÉRIALISME

ÉTUDE PHILOSOPHIQUE
SUR
# DIEU ET L'AME

SPINOZA — CONDILLAC — HÉGEL
MM. LITTRÉ, TAINE, SCHOPENHAUER, ETC.

PAR
**GUSTAVE GRAND**
Professeur libre.

Athéniens, ce que je vous dis est la vérité.
(PLATON. *Apologie de Socrate.*)

PARIS
LIBRAIRIE DES AUTEURS
10, RUE DE LA BOURSE, 10

1868

A LA MÉMOIRE

DE

PIERRE LAROMIGUIÈRE

ÉTUDE PHILOSOPHIQUE

SUR

# DIEU ET L'AME

Nous nous proposons d'énumérer brièvement, dans cette étude, les preuves de l'existence de Dieu et de l'immortalité de l'âme, et d'exposer, en les réfutant, les attaques qu'on a dirigées contre elles depuis Descartes jusqu'à nos jours. Le but de cet opuscule est, tout en développant des théories acquises à l'histoire, d'examiner avec impartialité les systèmes contemporains, et principalement ceux qui tendent au matérialisme et au panthéisme. D'éminents écrivains, plus autorisés que nous en la matière, ont déjà réfuté ces systèmes, mais il reste encore à glaner après les maîtres. C'est d'ailleurs un devoir impérieux, pour quiconque s'intéresse à ces grandes vérités, de les étudier avec un respect religieux sans doute, mais aussi sans oublier les droits impérissables de la raison. A Dieu ne plaise que nous portions atteinte aux vérités d'une religion qui soutient l'homme dans l'infortune et le rend meilleur ! Est-ce à dire qu'il faille pour cela fouler aux pieds les droits de la raison et rejeter l'évidence comme critérium de certitude? Nous ne sommes ni avec ceux qui veulent l'abaissement de la philosophie, ni avec ceux qui travaillent à la dissolution violente des croyances religieuses. Au moyen âge, Occam, le défenseur du nominalisme, soutenait que l'existence de Dieu, si elle n'était enseignée par la foi, ne pourrait jamais être admise avec certitude. Aussi Occam, qui avait voulu nier la raison, eut-il contre lui tout le moyen âge. D'autre part, à quoi ont abouti les attaques des encyclopédistes contre le christianisme, si ce n'est à cette éclatante renaissance des idées religieuses qui a été le trait caractéristique des premières années du XIX$^e$ siècle ? C'est une chose incroyable qu'on ne puisse de nos jours discuter les grands problèmes qui intéressent l'humanité, sans être sommé en quelque sorte de prendre rang dans les partis extrêmes. Eh quoi ! je serais obligé de m'associer aux attaques contre les vénérables croyances que nous ont léguées dix-neuf siècles. Eh quoi ! je ne pourrais remonter à l'absolu et scruter l'éternel devenir sans mettre de côté, comme dans une arche sainte, à l'instar de Descartes, les choses de la foi. Je ne pourrais croire au pouvoir de la raison avec Fénelon et Bossuet ! La foi s'adresse à Dieu, mais comment adorer Dieu si la conscience ne me le fait connaître? Dieu et l'âme sont deux vérités immortelles que la révélation enseigne et que démontre la raison.

L'usage a prévalu de classer les preuves de l'existence de Dieu en trois séries : preuves morales, preuves physiques et preuves métaphysiques. Les preuves morales sont celles qui s'appuient sur le témoignage de l'histoire et les croyances du genre humain; les preuves physiques, celles qui sont fondées sur l'observation de la nature ; les preuves métaphysiques, celles qui reposent sur les conceptions nécessaires, absolues et universelles de la raison. Il y a une autre classification célèbre, c'est celle des preuves *a priori* et des preuves *a posteriori*, les premières fondées sur la raison, les secondes basées sur l'expérience. C'est dans ces dernières qu'on range les preuves morales et les preuves physiques. D'abord, par la raison, je m'élève à l'Être infini, et je m'aperçois ensuite que le témoignage de l'histoire et l'ordre de la nature confirment l'existence de ce Dieu. Autrement dit, les preuves morales et les preuves physiques seraient insuffisantes sans les preuves métaphysiques : il ne saurait y avoir de preuves *a posteriori* si on n'avait d'abord les preuves *a priori*.

La preuve morale de l'existence de Dieu, qui se fonde sur le consentement unanime des peuples, est légitime, mais n'est pas absolue, car l'humanité tout entière est susceptible d'erreur. Avant Galilée, tout le monde croyait à la rotation du soleil autour de la terre. La preuve physique, tirée de l'ordre de la nature, appelée aussi argument des causes finales, a été merveilleusement développée par Fénelon. A l'œuvre on reconnaît l'ouvrier, et dans le monde se trouvent partout des marques visibles d'un ordre exécuté dans un dessein arrêté et avec la plus grande sagesse. Tel est l'argument des causes finales, le plus ancien et le plus respectable d'après Kant, mais qui a besoin d'être étayé de preuves d'une autre nature et d'une force supérieure.

Il y a autant de preuves métaphysiques de l'existence de Dieu qu'il y a, dans la raison, d'idées élémentaires, qui toutes sont des voies légitimes pour s'élever à Dieu. Cependant les plus connues sont au nombre de cinq que nous allons énumérer, tout en insistant sur l'argument de saint Anselme, un des plus remarquables et le plus attaqué. La preuve fondée sur les idées d'immensité et d'éternité a été trouvée par Newton et développée par son disciple Samuel Clarke. Nous concevons un espace sans bornes et une durée sans commencement ni fin. Or cette durée et cet espace ne sont pas des substances, mais des attributs : il y a donc un être réel, nécessaire, infini, dont le temps et l'espace sont les attributs, et qui est leur substratum ou fondement. Cet être c'est Dieu. Cette preuve a du vrai, mais elle repose sur une théorie du temps et de l'espace dont Leibnitz a démontré la fausseté. Il y a là en effet une antinomie évidente : l'espace est divisible et Dieu est un, le temps est successif et Dieu ne change pas. Entre l'immensité et l'éternité de Dieu d'une part, et, de l'autre, la durée et l'étendue des créatures, il y a tout au plus concomitance, mais il n'y a pas identité. Cette preuve est donc vraie, mais elle est incomplète.

La preuve fondée sur les notions de cause et de substance a été indiquée par Platon au dixième livre *des Lois*, et développée par Aristote, qui en a fait le fondement de sa théodicée. Les causes secondes et les substances contingentes, ne se suffisant pas, supposent une cause première et une substance nécessaire. Tout mouvement suppose un moteur, celui-ci un autre; or, de moteur en moteur il faut en arriver à un premier qui n'a pas reçu le mouvement. Mais, dira-t-on, on peut imaginer une chaîne de causes secondes allant à l'infini, sans être obligé de s'arrêter à une cause première. Cette supposition est absurde, et, comme le dit fort bien Clarke, « une succession infinie d'êtres indépendants, sans cause indépendante et originale, est la chose du monde la plus impossible. »

La preuve platonicienne fondée sur l'existence des idées universelles et nécessaires, a été développée par saint Augustin, saint Anselme, Bossuet, Malebranche et Fénelon. C'est une des plus belles que l'esprit humain ait trouvées, et en même temps une des plus simples, car l'intelligence de l'homme s'élève sans cesse d'elle-même à son principe : la Raison éternelle. « Ma raison est en moi, dit Fénelon, mais la raison supérieure que je consulte ne fait point partie de moi-même. Où est-elle cette raison parfaite, éternelle, immuable ? Où est-elle cette vive lumière qui illumine tout homme venant en ce monde? Il faut qu'elle soit quelque chose de réel, car le néant ne peut être parfait. Où est-elle cette raison suprême ? N'est-elle pas le Dieu que je cherche ? »
— La preuve fondée sur l'idée de l'être parfait a été trouvée par Descartes. Je suis un être imparfait et fini, et malgré cela j'ai la notion du fini et du parfait. Cette idée ne me vient pas de moi, qui suis un être contingent; elle ne me vient pas non plus de ce qui m'entoure, qui est aussi périssable que moi; d'où me vient-elle alors, si ce n'est de l'être infini et parfait, c'est-à-dire de Dieu ? Cette preuve est irréfutable.

La preuve fondée sur ce que l'idée de l'être parfait en implique immédiatement l'existence, a été inventée par saint Anselme. Cet argument célèbre, rejeté par saint Thomas et par Gerson, admis plus tard par Descartes, Bossuet et Fénelon, attaqué par Gassendi et défendu par Leibnitz, a trouvé dans Kant son adversaire le plus redoutable. « Un être tel qu'on ne peut rien concevoir de plus grand, dit saint Anselme dans son *Proslogium*, existe tout ensemble dans l'esprit et dans la réalité. » D'après Leibnitz, la démonstration que Descartes a empruntée d'Anselme est très-belle et très-ingénieuse, mais il y a encore un vide à remplir. On peut déduire l'existence de l'être parfait de son essence, mais ce qui n'est pas permis c'est de supposer la possibilité de l'être parfait sans la démontrer.

Dans le système de Kant, les preuves de l'existence de Dieu sont : la preuve cosmologique, existence contingente du monde attestant l'existence d'un être nécessaire ; la preuve téléologique, ou argument des causes finales. Kant ne reconnaît comme légitime aucune des preuves métaphysiques, et, parmi ces dernières, il attaque surtout l'argument de saint Anselme, qu'il appelle preuve ontologique. D'après Kant, les jugements sont analytiques ou synthétiques ; analytiques, ceux dans lesquels l'attribut est identique au sujet ; synthétiques, ceux dont l'attribut ajoute quelque chose à l'idée du sujet. Quand nous disons qu'une chose, que nous regardons comme possible, existe, par exemple que l'essence ou idée de l'être parfait implique son existence, que faisons nous ? une proposition analytique ou une proposition synthétique. Si analytique, en affirmant l'existence de l'être parfait nous n'ajoutons rien à l'idée que nous en avons déjà, puisque l'attribut est identique au sujet : ce n'est dès lors qu'une répétition et non une preuve. Si nous faisons au contraire une proposition synthétique, il n'y a aucune contradiction, dit Kant, à supprimer le prédicat ou attribut de l'existence et à affirmer la non-existence de Dieu, puisque les propositions analytiques sont les seules dans lesquelles il implique contradiction de nier le prédicat. Ainsi, en affirmant que l'idée de Dieu implique son existence, si nous faisons une proposition analytique nous ne prouvons rien, puisque dans toute proposition analytique l'attribut est identique au sujet ; et si nous faisons une proposition synthétique, l'attribut n'étant pas identique au sujet, on peut nier l'existence de Dieu. Pour qu'il y eût contradiction à la nier, il faudrait que la proposition fût analytique, et nous savons que la proposition analytique ne prouve rien. Autrement dit, le défaut de cette preuve c'est qu'on a confondu la nécessité abstraite créée par le raisonnement avec la nécessité réelle. L'argumentation de Kant est invincible, et cependant comment se fait-il que l'idée de Dieu ne se sépare jamais de la croyance à la réalité de son existence? C'est que c'est plutôt la forme que le fond de cette preuve qui a succombé sous l'argumentation de Kant. La conscience ne distingue pas la possibilité de Dieu de sa réalité. — Les preuves que nous venons d'énumérer sont toutes fondées sur la raison. Donc en prenant la raison pour guide, on arrive à cette vérité : il existe un Dieu, et il n'en est qu'un seul.

S'il était vrai que le principe pensant ne fût autre chose que la matière, le corps périssant par dissolution, il est certain qu'après la mort l'âme ne saurait lui survivre. Mais l'âme est une volonté libre servie par des organes, et il est parfaitement avéré que l'âme est distincte du corps. « Le moi étant une force intelligente, libre, simple et identique, dit Théodore Jouffroy, peut-il être la même chose que la matière ? On ne peut distinguer dans l'homme l'âme d'avec le corps, qu'en distinguant dans ce monde la force d'avec la matière. Si la force est la même chose que la matière, chaque partie de la matière est une force libre : or, comment toutes ces forces libres se sont-elles entendues pour composer l'harmonie de ce monde ? Si la force est en dehors de la matière, il est facile de concevoir que la force fasse concourir toutes les parties matérielles à l'exécution du plan qu'elle a conçu. L'âme est donc distincte du corps comme la force est distincte de la matière. »

L'âme ne peut être matérielle, car la matière est divisible, et l'âme est une et identique. Par une aperception immédiate et lumineuse, le moi prend connaissance de sa simplicité. Avec un peu de volonté et par la réflexion je sens vivre en moi une force simple et une : cette force c'est l'âme. Cette âme est donc spirituelle par le seul fait qu'elle est simple, ce qui est divisible étant matériel. — Le témoignage de la conscience n'est pas la seule preuve de la spiritualité de l'âme. Je me souviens et je me repens : or, comment pourrais-je me souvenir et avoir le remords si le moi avait changé ? Donc le moi est identique, et simple par conséquent, puisqu'il n'y a que ce qui est un qui ne change pas. — La lutte entre la passion et le devoir, c'est-à-dire entre le désir et la volonté, est une des preuves les plus remarquables de l'indépendance de l'âme. — Une autre preuve encore de la simplicité de l'âme, c'est ce pouvoir qu'elle a de remonter du contingent au nécessaire, du relatif à l'absolu, c'est-à-dire de s'élever vers Dieu. — Enfin, une des preuves les plus solides est celle qui est tirée de la comparaison. Si le moi est multiple, que le sentiment s'effectue dans un moi et la pensée dans un autre, comment la comparaison sera-t-elle possible ? Donc le moi est un. Ce n'est pas ici le lieu d'examiner la question si controversée et si obscure des rapports de l'âme avec le corps. Qu'il suffise de dire que des systèmes déjà anciens, tels que les causes occasionnelles de Malebranche, l'harmonie préétablie de Leibnitz, le médiateur plastique de Cudworth et l'influx physique d'Euler, sont de simples hypothèses qui n'ont pas donné de ce problème une explication satisfaisante. Aujourd'hui nous avons l'organicisme, qui n'est autre chose que la doctrine matérialiste ; le vitalisme, qui veut qu'il y ait en nous un principe indépendant de l'âme et du corps et qui entretient la vie, et enfin la doctrine de Stahl, ou animisme, d'après laquelle le principe vital n'est autre chose que l'âme elle-même. Parmi nos philosophes spiritualistes les plus distingués, les uns sont pour Stahl, les autres pour le vitalisme; nous laisserons donc de côté une question encore si problématique.

La question de l'immortalité de l'âme est indissolublement liée à sa spiritualité. Sur la spiritualité de l'âme est fondé l'argument métaphysique de son immortalité. « Si l'âme est immatérielle, dit Rousseau, elle peut survivre au corps. » — « Qu'est-ce qui meurt? dit Socrate; ce qui est composé : si l'âme est simple, elle est immortelle. » Cette preuve de l'immortalité de l'âme est irréfutable, mais elle ne suffit pas. Que devient après la mort l'être moral, la personnalité humaine? C'est ce que ne dit pas la preuve métaphysique, et c'est ce que nous dira l'argument moral fondé sur la justice de Dieu. Cette preuve de l'immortalité de l'âme repose sur la sanction de la loi morale. Il y a quatre sanctions de la loi morale : la sanction naturelle, la sanction légale, la sanction de l'opinion publique et la sanction intérieure. Par la sanction naturelle, l'être moral trouve sa punition ou sa récompense dans les suites de son action; cette sanction est juste, mais elle manque d'universalité. — La sanction légale est très-incomplète, puisqu'elle ne récompense pas et se borne à punir, et encore ne punit-elle pas toujours juste. — La sanction de l'opinion publique est encore plus incomplète. — La sanction intérieure ou de la conscience est juste et ne manque jamais; mais elle dépend de la sensibilité de chacun, et de plus elle manque de proportion. L'homme a reçu de la Providence des facultés merveilleuses, qui ne trouvent pas leur satisfaction ici-bas. Le non-développement des facultés humaines sur la terre est donc déjà la preuve d'une vie à venir. Mais combien mieux encore prouve l'immortalité de l'âme cette confiance que nous avons dans la Justice éternelle, c'est-à-dire dans la Providence, puisque la sanction terrestre de la loi morale est insuffisante. « La fin de l'homme, dit Théodore Jouffroy, ne s'accomplit pas dans cette vie. On peut, par la civilisation, avancer vers cette fin, mais on ne peut l'atteindre. Tout le travail de l'humanité tend vers cette fin. Il avance, mais ce but est impossible à atteindre. La fin absolue de l'homme n'est pas réalisable dans ce monde. »

Le cartésianisme régna en maître pendant tout le XVIIe siècle et la première moitié du XVIIIe, et à cette époque, il faut bien le dire, sa domination était devenue impérieuse et intolérante. Au moment où l'école sensualiste de Condillac commençait à faire prévaloir ses idées, les encyclopédistes secouèrent le joug de l'école cartésienne, et le sensualisme domina jusqu'aux premières années du siècle actuel. Grâce peut-être aux idées de tolérance et de liberté prêchées par les encyclopédistes, Condillac fut pendant plus d'un demi-siècle le roi de l'opinion. Une réaction ne devait pas toutefois tarder à se produire contre les idées de cet homme prodigieusement instruit mais dévoyé. L'honneur de cette réaction salutaire revient à l'honnête Thomas Reid et au sage Royer-Collard qui introduisit en France la doctrine du chef de l'école écossaise. Kant fut aussi un adversaire redoutable pour le sensualisme; mais, tandis que l'Allemagne s'égarait dans l'idéalisme transcendantal de Hégel, la France voyait surgir Victor Cousin, cet éloquent organe du spiritualisme, et l'incomparable philosophe, Théodore Jouffroy, qui devait, avec Cousin son maître, continuer l'œuvre entreprise par Royer-Collard. Pendant plus de quarante ans, le spiritualisme a dominé l'opinion ; mais aujourd'hui il est vivement attaqué. Depuis quelque temps, la science positive, intolérante à son tour, livre un combat incessant et acharné au spiritualisme ; mais, si elle persiste à vouloir dépasser le but qui lui est naturellement assigné, elle succombera dans la lutte ; car une société matérialiste et ravalée au niveau de la brute ne peut exister, car la vérité est avec le spiritualisme, croyance virile qui élève la nature humaine et la rapproche de Dieu.

Faisons un aperçu de la philosophie depuis Descartes jusqu'au siècle actuel, pour aborder ensuite les systèmes contemporains, que nous examinerons avec impartialité. A partir de Descartes, la philosophie n'est plus seulement une affaire de raisonnement, elle est chose expérimentale. L'esprit se voit lui-même, et, en se voyant, il découvre ce qui est le principe de lui-même et de tout. « *Cogito, ergo sum*, dit Descartes ; je puis douter de tout, excepté de mon existence. » Le principe de la personnalité établi, Descartes s'élève du fini à l'Être infini. Dans la pensée, il y a l'intelligence qui est passive et déterminée, et la volonté qui est active et sans bornes. Ainsi l'âme, siége de la pensée, est infinie ; mais l'infinité est encore bien plus le propre de Dieu. — Pascal voit hors de nous quelque chose qui passe les corps et les intelligences, un principe supérieur, source de la volonté ; mais il se méfie de la raison et tombe dans le scepticisme. — « Tandis que Malebranche a prétendu, dit M. Ravaisson, que nous voyions tout en Dieu à l'exception de nous-mêmes, dont il pensait que nous n'avions qu'un obscur sentiment, peut-être faut-il dire que nous voyons tout en Dieu parce que c'est en lui seul que nous nous voyons. » — Leibnitz découvrit dans le principe de l'infini le fondement de toute la science. D'après lui, tout est harmonique, tout se continue suivant un enchaînement que rien n'interrompt, et c'est ce qu'on appelle la loi de continuité universelle. L'être fini, relatif et contingent, est passif dans son essence : donc l'infini, l'absolu, le nécessaire, est un être essentiellement actif, et cet être est esprit. Chez Leibnitz, les substances secondes ne sont plus, comme chez Descartes, des substances inertes ; elles ne sont pas purement virtuelles, elles ont une énergie qui leur est propre : ce sont des forces simples, des monades. — Quelques années avant Leibnitz, un autre continuateur de Descartes, Spinoza, aboutissait à la plus étrange des erreurs, la négation absolue des substances secondes. Déjà les causes secondes avaient subi de fortes atteintes dans le système de Malebranche qui, par sa théorie des causes occasionnelles, établissait que Dieu agit en nous et produit nos mouvements, de telle sorte que le moi volontaire est moins une cause qu'une occasion de mouvement. Spinoza devait aller plus loin et, niant les deux substances, prétendre que l'étendue et la pensée ne sont qu'une seule et même chose. De la sorte, le fini n'étant qu'un attribut, un mode de l'infini, c'était l'absorption du fini dans l'infini, la négation du fini. Cette doctrine supprimait du coup la liberté et la responsabilité. Ainsi l'ère cartésienne, si glorieusement inaugurée, avait abouti au déisme de Malebranche et au panthéisme de Spinoza, quand Leibnitz vint réformer le cartésianisme entièrement dévoyé. A peu près vers la même époque, Berkeley, ôtant la réalité à la matière, ne reconnut pour vraies que les idées sensibles. C'était la négation du principe de causalité, c'était l'idéalisme radical. Tandis que Berkeley arrivait au scepticisme en niant l'existence des corps, Hume y aboutissait en supprimant la substance immatérielle. Réduisant tout à l'empirisme sensuel, il n'admit plus que les seuls phénomènes, et renouvela de la sorte le matérialisme épicurien.

Dans son *Essai sur l'entendement*, Locke avait établi que c'est l'esprit humain qu'il importe d'abord de connaître, et puis, comparant l'esprit à une table rase où les idées viendraient s'inscrire par voie expérimentale, il disait : « Il n'y a rien dans l'intelligence qui n'ait été d'abord dans les sens. » Le sensualisme venait de naître. Locke fut, à plus d'un égard, un esprit sage ; mais il laissa après lui une école funeste, qui devait exposer la morale de l'intérêt avec Helvétius, et descendre jusqu'au plus abject matérialisme avec Lamettrie, l'auteur de l'homme-machine, ce Lamettrie, chassé de France et de Hollande, dont d'Argens disait : « C'est le vice qui s'explique par la voix de la démence. » — Le baron d'Holbach fut athée de parti pris, et d'autant plus dangereux qu'il mettait à la vulgarisation de sa doctrine une singulière persévérance. Explique qui pourra comment cet homme qui fut bienfaisant, dit-on, put écrire son fameux *Système de la nature*, ce manuel de l'athéisme, que Voltaire ne pouvait lire sans indignation. En résumé, égoïsme et fatalisme, assimilation de l'homme à la bête, intérêt et plaisir mis à la place du devoir, telle fut toute la philosophie de ces continuateurs de Locke. Le sensualisme ne tomba pas en déshérence, et, par Naigeon et Cabanis, il pénétra dans le siècle actuel, où il a pour partisans tous ceux qui professent qu'il n'y a rien en dehors de la matière et que la pensée est une sécrétion du cerveau.

Condillac, adoptant le système de Locke, attribua à la sensation tous les phénomènes de conscience. Les phénomènes intellectuels et volontaires ne seraient d'après lui que des sensations transformées. Comme Hume, il élimine la réflexion, la conscience que l'esprit a de ses propres opérations. Ce système ne soutient pas l'examen. Les phénomènes intellectuels et les phénomènes volontaires sont loin d'être des sensations tranformées. En effet, n'arrive-t-il pas à chaque instant que la volonté triomphe du désir, et cette lutte incessante de la passion et du devoir n'est-elle pas la meilleure preuve qu'on ne saurait les confondre? La conclusion forcée de ce système est l'athéisme, le matérialisme et la négation de la loi morale. En dernière analyse, dire de nos pensées et de nos actes qu'ils sont des sensations transformées revient à les nier, et dès lors comment établir la spiritualité de l'âme et l'existence de Dieu, dont la preuve n'appartient pas aux sens? Le sensualisme n'explique que l'ordre matériel : toutes les autres vérités échappent à son domaine.

L'écossais Thomas Reid détruisit le système de Hume en lui opposant les croyances métaphysiques, dont cette théorie ne tient aucun compte. Ces croyances nous sont naturelles, car c'est le propre de l'esprit humain d'avoir la curiosité de l'absolu. Ce sera l'éternel honneur de l'école écossaise d'avoir, la première, attaqué avec vigueur le sensualisme, en mettant au-dessus de l'ordre matériel les vérités nécessaires, et d'avoir ainsi provoqué le retour des doctrines cartésiennes. Mais, se contentant d'analyser nos idées, écartant la question de la légitimité de nos connaissances, et s'abstenant de conclure de peur d'aller trop loin, cette école ne sut pas édifier un système sur les ruines du scepticisme de Hume et du sensualisme de Condillac. Plus tard, M. Royer-Collard introduisit en France les doctrines écossaises, et s'il ne fut pas un philosophe original, il n'en rendit pas moins à la philosophie un immense service en détruisant les théories matérialistes. Kant, faisant la critique de la raison pure, établit la différence de la doctrine spéculative et de la doctrine pratique. Nous n'avons pas l'intuition du moi, et nous transportons au non-moi l'idée de durée et même de substance. Le moi est subjectif et le non-moi objectif. L'expérience ne percevant pas de substance, le phénomène est l'apparition contenue dans l'expérience ; le noumène, pur être de raison, en dehors de l'expérience, est la substance dont le phénomène est l'apparition. A chaque jugement correspond une catégorie ou forme pure de l'entendement. Toutes les catégories possibles sont celles-ci : au point de vue de la quantité, idées d'unité, de pluralité ; au point de vue de la qualité, idées de réalité et de négation ; au point de vue de la relation, idées de causalité et de dépendance ; au point de vue de la modalité, idées de nécessité et de contingence. Les idées pures, mais dérivées, qui viennent de ces catégories, sont des prédicables : ainsi de la catégorie de causalité vient l'idée de force. Il y a quatre schéma correspondant aux quatre facultés, et le schématisme est la faculté par laquelle l'esprit emploie les catégories pour se former des images des objets et en porter des jugements. Nous avons une tendance à objectiver nos pensées ; ainsi quand nous disons que l'essence de Dieu implique son existence, c'est une pure illusion, nous passons gratuitement du subjectif à l'objectif. La raison perçoit tout ce qui est conditionnel, mais ne peut affecter l'absolu : donc la métaphysique est une chimère, puisque nous ne pouvons atteindre le sujet absolu de la pensée. Mais, dira-t-on, c'est le scepticisme ; car avec cette doctrine que deviennent Dieu, l'âme et la morale ? Kant répond : « L'idée du devoir s'impose au moi comme une loi nécessaire. » — Il y a ici contradiction, car c'est admettre, au point de vue du devoir,

2.

de la raison pratique, ce qu'on niait dans le spéculatif. A part cette grave inconséquence, la philosophie de Kant est légitime et les applications de sa morale sont pleines de noblesse. En effet, par son impératif catégorique il exprime que la morale n'est pas l'intérêt et qu'elle ne se fonde pas sur l'expérience. L'idéalisme transcendantal tient une grande place dans la philosophie du XIXᵉ siècle.

Un philosophe injustement accusé de sensualisme, selon nous, et qui de fait s'était séparé de Condillac au début du siècle actuel, c'est Pierre Laromiguière. Doux et charmant moraliste, professeur éminent, dont la parole séduisait ses auditeurs, qui furent aussi ses amis; modeste grand homme qui, après avoir vécu dans la pratique de toutes les vertus, mourut entouré de la vénération publique [1]! Le tort de Laromiguière est d'employer les formules de Condillac, de traiter de l'origine des idées avant de traiter de leurs caractères, et d'aborder les facultés de l'âme avant les idées. C'est, on le voit, une question de méthode plutôt que de principe, et il ne faut pas oublier que Laromiguière se sépare de Condillac sur le point capital, la sensation. Dans le recueil de ses leçons professées à la Sorbonne en 1811, livre remarquablement écrit, il prend pour point de départ l'attention, phénomène intellectuel qui doit le mener à des conclusions spiritualistes. D'ailleurs en 1788, à l'époque où il professait la philosophie à Toulouse au collége de l'Esquille, le savant doctrinaire, dans un livre aujourd'hui rare, avait écrit une réfutation en règle du matérialisme. Il est possible qu'en

---

1. Fils d'un homme qu'aimait Laromiguière, l'auteur de cette étude a, dans sa jeunesse, vu de près bien des choses où revivait l'aimable simplicité de ce penseur. Qu'on l'excuse donc de n'avoir pu prononcer sans attendrissement ce nom illustre.

conservant les formules de Condillac, Laromiguière n'ait pas voulu rompre trop brusquement avec celui dont il avait été le disciple. Mais le condillacisme n'était pas susceptible de réformes. Cette altière doctrine, faite d'une seule pièce, devait s'écrouler tout entière. A une époque où personne ne croyait plus à ces théories, depuis longtemps condamnées sans retour, seul M. Destutt de Tracy restait fidèle à ses illusions premières, et mourait en 1832 dans sa foi naïve aux idées condillaciennes.

Le système de Kant était déjà un progrès sur l'école écossaise ; Maine de Biran fit un pas de plus, et dégageant notre libre personnalité, établit une théorie de la volonté : « Nous concevons hors de nous, disait-il, des causes comme des êtres qui sont des volontés. Être, agir, vouloir, sous des noms différents, c'est une seule et même chose. » Maine de Biran avait commencé par être partisan du sensualisme de Condillac, à l'époque où cette philosophie régnait sans partage ; mais plus tard il s'en sépara et en devint un des adversaires les plus déclarés.

Au moment où une jeune et puissante école secouait en France le joug pesant du sensualisme, il se produisait en Allemagne, dans le même sens, un mouvement philosophique plein d'éclat et d'originalité. Fichte vivait encore, et, relativement au XVIIIe siècle, sa doctrine était une énergique protestation contre le matérialisme, et une affirmation catégorique de l'activité du moi et de la liberté morale. « Ce n'était pas d'athéisme, disait Fichte, qu'il fallait m'accuser, mais plutôt d'akosmisme (négation du monde) : attribuer de la personnalité à Dieu, ce serait le concevoir comme fini. » Fichte niait en effet la substantialité de Dieu, et selon lui Dieu était activité, intelligence, conscience pure. Le monde spirituel ou moral était le seul monde réel. Fichte finit par tomber dans un panthéisme mystique et moral. Il eut pour disciples Schelling et Hégel, qui devaient se séparer complétement du maître. D'après Schelling et Hégel, qui devaient aussi plus tard s'éloigner l'un de l'autre, l'esprit est lui-même l'absolu, l'esprit universel n'est que l'hypostase des esprits particuliers. La doctrine hégélienne suppose l'esprit de l'homme égal à l'esprit divin et l'identifie avec lui. Il y a donc deux périodes dans la moderne métaphysique allemande. Ne pouvant arriver à l'absolu en partant du moi, la science abandonne la méthode psychologique et se place directement au sein de l'infini. « Après la première expérience de Fichte, dit dans une brillante image M. Saint-René Taillandier, la philosophie allemande s'écria comme le célèbre disciple de Hégel et de Schelling, le poëte-philosophe Novalis : « Il faut que je de« vienne Dieu ! » Grâce au génie audacieux d'un homme, il allait se faire de l'autre côté du Rhin une rénovation dans l'état des esprits ; mais cette aventureuse tentative devait aboutir au doute et à l'avilissement ou plutôt à la négation de Dieu. Faire Dieu la pensée, n'est-ce pas faire descendre l'Être infini et parfait au niveau de la nature humaine, n'est-ce pas le nier? C'est un bien triste ciel que celui de la science hégélienne, un ciel bas et borné qu'habite un Dieu déchu. L'œuvre de Hégel restera néanmoins comme l'effort le plus grandiose, mais aussi le plus impuissant qu'ait jamais fait l'homme pour comprendre Dieu.

Victor Cousin voulut, à l'exemple des néoplatoniciens, réunir dans un nouvel éclectisme tout ce qu'il y avait de vrai dans les systèmes produits à toutes les époques et chez tous les peuples. Pour cela, il fallait avant tout connaître à fond ces systèmes ou en rectifier la connaissance. De là cette impulsion donnée à l'étude de l'histoire de la philosophie. Victor Cousin rangea tous les systèmes dans quatre classes : le sensualisme, l'idéalisme, le mysticisme et le scepticisme. De ces quatre classes, une seule, selon lui, renferme une grande part de vérité, c'est l'idéalisme, et à cette classe il rapporte Platon et Descartes. L'éclectisme est, en dernière analyse, un système composé en grande partie des idées de l'école écossaise et de quelques-unes de celles de Maine de Biran. La méthode de Bacon, d'après Cousin, est la seule véritable; d'une part, les phénomènes externes, physiologiques, les seuls à peu près dont Bacon se soit occupé, et de l'autre les phénomènes internes. Quant aux choses qui sont en dehors de l'expérience, nous ne pouvons les connaître que par une révélation mystérieuse, œuvre de la raison. Quelques années plus tard, le plus remarquable élève de Cousin, un élève qui devait devenir un maître, Théodore Jouffroy, adoptant une doctrine tout opposée à celle-là, disait que l'homme atteint en lui-même le principe qui produit les phénomènes, le moi, et que par conséquent il n'est pas vrai que les phénomènes seuls soient un objet de connaissance immédiate. Un philosophe éminent de ce temps-ci, M. de Rémusat, a remarqué, dans ses *Essais*, que la méthode expérimentale n'était pas tout, et qu'il fallait quelque chose de plus à la philosophie que l'observation et l'induction. Quoiqu'on ne puisse affirmer que l'éclectisme soit le vrai absolu, l'idéal philosophique en dehors duquel il n'est pas possible d'arriver à une solution quelconque aujourd'hui ou plus tard, il faut bien convenir cependant que l'esprit de l'éclectisme est un esprit de tolérance et de progrès. Les systèmes radicaux et exclusifs sont voisins de l'erreur, et on peut bien, après Jouffroy, douter de l'infaillibilité de la raison humaine. Aristote a formulé la loi de l'éclectisme au premier livre de sa *Métaphysique*, après avoir contrôlé son propre système par les systèmes des philosophes qui l'avaient précédé. « Perennis quædam philosophia, » disait Leibnitz. Cette philosophie immortelle c'est, d'après l'illustre penseur, celle qui repose sur l'identité de l'esprit humain.

Un philosophe dont s'honore à juste titre notre siècle, et qui restera comme un modèle de franchise, de sagesse et de grandeur morale, c'est Théodore Jouffroy. On se sent pris d'une sympathie profonde pour cette austère figure, pour ce penseur attristé qui jeta peut-être un éclat moins brillant que d'autres, mais fut plus humain, plus vrai, et qui, nouveau Vauvenargues, mais plus grand que lui, luttant contre un mal de jour en jour plus cruel, consacra sa vie et son génie au grand problème de la destinée humaine. Nous avons montré comment Jouffroy prouvait la distinction de l'âme et du corps en résolvant par la cosmologie cette question psychologique. Nous avons conscience de la vie psychologique qui tend au bien du moi, mais il n'en va pas ainsi pour la vie physiologique qui tend au bien du corps. La vie du corps est la seule que le moi puisse détruire, donc le mot de suicide est un mot mal fait. Nous ne sommes quelque chose que par le moi volontaire; c'est par la liberté que l'homme est véritablement homme. « L'homme, dit Théodore Jouffroy, semble n'être qu'un essai après beaucoup d'autres, que le Créateur s'est donné le plaisir de faire et de briser. Ces immenses reptiles, ces informes animaux qui ont disparu de la surface de la terre y ont vécu autrefois comme nous y vivons maintenant. Pourquoi le jour ne viendrait-il pas aussi où notre race sera effacée, et où nos ossements déterrés ne sembleront aux espèces alors vivantes que des ébauches grossières d'une nature qui s'essaye? » En entendant ce grand esprit développer d'une voix émue les phases successives de la création et formuler, en concluant, une hypothèse aussi hardie, envahi par cette crainte mystérieuse qui troublait le philosophe, et pris d'un saisissement involontaire, l'auditoire, dit-on, se leva à demi.

Dans son ouvrage *Sur l'Indifférence*, Lamennais avait abondé dans le sens du traditionalisme condamné par l'Église comme préjudiciable aux droits de la raison. Dans son *Esquisse d'une philosophie*, il se maintient dans les mêmes idées et prend pour base de sa doctrine le dogme de la Trinité. Au quatrième et dernier volume de l'*Esquisse*, quand il avait déjà fait scission avec l'Église, Lamennais, repoussant les traditions et la théologie, assigne pour critérium aux conceptions les phénomènes, et aux phénomènes les conceptions. Enfin, de cette doctrine contradictoire où le phénomène est la preuve de la pensée, et la pensée du phénomène, Lamennais passe à cette doctrine où, des deux éléments, c'est le spirituel qui l'emporte, doctrine d'après laquelle la plus haute certitude est celle qui vient de la raison. Ce système, dans lequel les idées ne sont soumises qu'à une analyse superficielle, ne donne que des analogies souvent spécieuses au lieu de raisonnements, et n'a pas par conséquent de rigueur scientifique.

Développant la donnée matérialiste de Condorcet qui limitait le progrès universel aux conditions de l'existence terrestre, Henri de Saint-Simon voulut relever la chair du discrédit où elle était tombée par le fait du christianisme. Il fallait pour cela admettre un Dieu à la fois chair et esprit. Le culte de l'être inférieur, allié à certaines pratiques bizarres, tel est le fond de la doctrine saint-simonienne. N'était-ce pas là nous ramener à ce pays et à cette époque où, Bossuet l'a dit, tout était Dieu, excepté Dieu lui-même?

Fourier poursuivit le même but que Saint-Simon ; mais, au lieu de baser sa doctrine sur le principe autoritaire, il l'établit sur la liberté absolue, c'est-à-dire sur une satisfaction complète de toutes les passions humaines. Toutes les fautes proviennent de passions contrariées, et de même que, dans l'ordre physique, il y a l'attraction moléculaire, de même, dans l'ordre moral, il y a l'attraction passionnelle des êtres. La différence entre Helvétius et Fourier c'est que, dans son livre de l'*Esprit*, Helvétius veut que les passions soient gouvernées et développées par l'éducation, tandis que Fourier leur lâche la bride. D'ailleurs l'hypothèse qu'émet Helvétius de l'égalité naturelle des intelligences et de l'omnipotence de l'éducation vaut, sous le rapport du paradoxe, les théories humanitaires de Fourier.

Dans son livre de l'*Humanité*, M. Pierre Leroux cherche à prouver qu'il n'y a ni moyen ni nécessité pour nous de sortir des conditions de l'existence actuelle, et que nous devons attendre la félicité sur cette terre dans une éternité d'existences successives. « Vivre n'est-ce point changer, dit M. Pierre Leroux ; changer, pour l'esprit, n'est-ce point oublier ? » Et il s'autorise de Leibnitz ainsi que d'autres grands philosophes pour arriver à cette conclusion. Sans doute, changer, pour l'esprit, ce serait oublier, mais vivre, pour lui, ce n'est pas changer. Que faites-vous, ô philosophe, de l'unité et de l'identité de l'être pensant ? « Peut-être fut-ce plutôt la pensée de Leibnitz, dit éloquemment M. Ravaisson, comme ce fut celle de Platon, d'Aristote, de Plotin et de Descartes, au lieu que vivre et changer soient même chose, que vivre c'est triompher du changement, et à chaque instant se ravoir de la mort ; que vivre, pour l'esprit, c'est donc se retrouver et se reconnaître toujours, c'est toujours, éternellement se souvenir. »

A la différence de M. Pierre Leroux qui voulait mettre le ciel sur la terre, Jean Reynaud voulut plutôt étendre la terre au ciel. Suivant lui, nous avons existé avant d'être ici-bas, et nous existerons encore, toujours de plus en plus parfaits, dans les mondes divers qui sillonnent l'espace. C'est ici, on le voit, que Jean Reynaud se sépare de M. Pierre Leroux. Nous ne passons pas, ajoute-t-il, de l'état corporel à l'état spirituel, et il n'est point de vie, même en Dieu, qui soit immatérielle. Le tort de ce doux penseur, à qui on ne peut refuser des idées généreuses, fut d'envisager à un point de vue trop étroit l'âme humaine dans sa marche vers le progrès. Faire du ciel la terre, n'est-ce pas le supprimer? Ramener la souveraine perfection à l'imparfait n'est-ce pas la faire disparaître?

Le positivisme d'Auguste Comte eut pour point de départ les théories matérialistes du saint-simonisme et de Broussais. Dans son horreur pour la métaphysique, il établissait qu'on ne peut rien connaître que le relatif, et niait la cause première. La base du positivisme est dans ce qu'Auguste Comte appelle « la loi des trois états. » Suivant lui, la pensée passe par trois époques : la première, où on explique les choses par des volontés supérieures à la nature, c'est la période religieuse ; la deuxième, où on les explique par des entités qui ne sont que les copies des causes surnaturelles des premiers âges, c'est la période métaphysique ; dans la troisième enfin, la période scientifique, on explique les phénomènes par les circonstances physiques dans lesquelles ils se produisent et auxquelles ils se rapportent. Jamais Auguste Comte ne voulut admettre que l'intelligence eût une connaissance immédiate d'elle-même ; jamais non plus il ne reconnut de Dieu ni d'âme immortelle. Dieu est pour lui, comme pour beaucoup de contemporains, l'humanité qu'il appelle le grand Être. Cependant, vers la fin de sa vie, il tomba dans une espèce de mysticisme : une ardente affection s'empara de lui, et peut-être sa raison fut-elle altérée par la continuelle tension de son esprit.

Le positivisme de M. John Stuart Mill s'éloigne de celui d'Auguste Comte. Le philosophe anglais voudrait qu'on admît la possibilité sinon la réalité d'un Dieu, et de plus il reproche au chef du positivisme de n'admettre aucune étude des sentiments, des idées et des volontés. M. Stuart Mill veut qu'on considère la nature comme un simple assemblage de phénomènes qui se suivent. Il n'admet pas les conceptions d'ensemble, et ne voit pas en dehors du détail des faits quelque chose qui les domine et les rassemble. On ne sait rien des choses, sinon qu'elles se suivent, dit M. Mill; et pour expliquer la prévision, il a recours à sa théorie de l'antécédent inconditionnel, d'après laquelle tout phénomène est précédé d'un antécédent immédiat et qu'il ne peut pas ne pas suivre. M. Stuart Mill est de nos jours un des esprits les plus distingués de l'Angleterre, mais ses théories philosophiques ouvrent la porte au scepticisme.

Plus rigoureux dans l'application du positivisme que M. Stuart Mill, M. Littré nie même jusqu'à la possibilité de la cause première. Il accorde qu'on peut étudier directement les sentiments, les idées, les volontés; mais il en fait des phénomènes cérébraux. Il niait d'abord les causes finales, mais il les a admises par la suite, et a semblé à cause de cela être infidèle au positivisme. M. Littré, écartant de la morale toute considération religieuse, en élimine aussi toute donnée métaphysique. De plus, il se méfie trop des catégories de la raison pour en faire la base de la science des devoirs.

Il établit donc sa morale sur l'altruisme, c'est-à-dire la sympathie, ce sentiment qui nous porte vers nos semblables. Cette théorie de la sympathie a été développée de main de maître au siècle dernier en Angleterre, par Adam Smith, dans son livre *des Sentiments moraux*. Là où Adam Smith a échoué après avoir, en désespoir de cause, déployé une finesse incroyable d'analyse, où Auguste Comte, malgré sa puissante dialectique, a été impuissant à trouver une base de la morale, M. Littré pense-t-il réussir? L'altruisme ne peut rendre compte ni de l'idée de devoir ni de l'idée de droit, et l'explication de ce fait est bien simple, car la sympathie est un phénomène de sensibilité, et la morale découle de la raison. M. Littré, qui se dit aussi indifférent au matérialisme qu'au spiritualisme, enseigne néanmoins cette opinion commune à toutes les écoles matérialistes, que la cause première est la matière organisée elle-même. Quoi qu'il en soit, la matière ne pensant pas, la conclusion forcée de ce système est le matérialisme, et il est vrai de dire que les principes de M. Littré détruisent non-seulement la métaphysique, mais encore toute philosophie. Adversaire déclaré de telles idées, nous sommes néanmoins plein de respect pour le caractère et l'immense érudition d'un homme que l'Allemagne pourrait nous envier. Il serait peu sensé qu'un jeune écrivain, encore inexpérimenté, eût l'air de faire la leçon à un savant aussi illustre. Qu'il nous soit permis du moins de formuler un vœu. Puissent les quelques esprits éminents qui professent les doctrines de M. Littré, puisse M. Littré lui-même se rallier un jour à la noble cause du spiritualisme! Ce jour-là, c'est notre pensée, la jeunesse spiritualiste s'honorera de les avoir pour maîtres.

M. Taine n'est pas un sensualiste vulgaire. Il ne voit

cependant dans la nature que des groupes de mouvements et des groupes de pensées. Il reprend la vaine théorie des idées-images et définit la perception externe une hallucination vraie. En un mot, à toutes les théories qu'il repousse il oppose le sensualisme de Locke, et, comme Hume, il affirme qu'une substance est une collection de phénomènes, et qu'une cause est une relation d'effets. M. Taine ne rejette pas précisément le principe de causalité, mais il l'entend à sa façon. Plus partisan que Condillac lui-même de cette réduction à l'unité qui fut la cause des égarements de ce penseur, il ramène tout à un type qui, en philosophie, s'appelle loi génératrice, et en histoire, faculté maîtresse. «Nous découvrons l'unité de l'univers, dit M. Taine, et nous comprenons ce qui la produit. Elle ne vient pas d'une chose extérieure au monde ni d'une chose mystérieuse cachée dans le monde. Elle vient d'un fait général semblable aux autres, loi génératrice d'où les autres se déduisent, de même que de la loi de l'attraction dérivent tous les phénomènes de la pesanteur.» Il est impossible de nier plus clairement la métaphysique pour aboutir à des conclusions matérialistes. Dans un livre intitulé *les Philosophes français au XIX° siècle*, où il fait avec talent une guerre acharnée à l'éclectisme, M. Taine a eu tort, à notre avis, de mettre en cause Laromiguière. Il en fait le continuateur de la philosophie du siècle dernier, il le jette pour ainsi dire dans les bras de Condillac, et le déclare un partisan de sa doctrine. Pourquoi, tandis qu'on est en chemin, ne pas en faire le coryphée du sensualisme? Nous avons établi plus haut comment, se séparant de Condillac, Laromiguière avait pris pour point de départ l'attention, phénomène intellectuel, et s'en était tenu aux idées spiritualistes. Il est à craindre que M. Taine, entraîné par les tendances de son esprit systématique, n'ait involontairement dénaturé au bénéfice de sa cause la pensée de l'illustre philosophe. Beaucoup déclineront un tel hommage rendu à sa mémoire.

Les théories de M. Vacherot diffèrent essentiellement de celles de M. Taine. Dans la philosophie de lieux communs sensualistes de M. Taine, qui infirme toute métaphysique, se cache sous l'ampleur magistrale de la forme une restauration des théories erronées de Condillac. M. Vacherot est un esprit aussi indépendant, et un penseur plus austère. En effet, plein de respect pour la métaphysique, il s'y complaît comme dans son élément, et affirme que l'âme est une force individuelle qui a conscience d'elle-même, un être relatif qui peut s'élever à l'absolu. Mais, spiritualiste en psychologie et en morale, M. Vacherot ne l'est plus en théodicée, où il se refuse à reconnaître l'Être parfait, et nie cette vérité reconnue par l'école spiritualiste, à savoir qu'en Dieu l'infini et le parfait sont une seule et même chose. M. Vacherot se défend avec énergie de tomber dans l'athéisme; mais selon lui l'Être parfait ne peut exister que dans la pensée, et non dans la réalité. Par ce système, on ne nie pas Dieu absolument, mais on arrive à faire un Dieu de sa pensée; car cet idéal auquel tend la pensée est son œuvre, et n'est autre chose que la pensée elle-même. C'est éviter le sensualisme du xviiie siècle, et le panthéisme de Spinoza, pour tomber dans l'idéalisme transcendantal de Hégel. Quelle que soit notre admiration pour la merveilleuse souplesse avec laquelle M. Vacherot, cet esprit alerte et profond à la fois, se joue des plus hautes difficultés du domaine spéculatif, nous n'avons ni la hardiesse ni le goût de le suivre dans les détours de la science hégélienne, ce dangereux labyrinthe dont souvent on ne revient pas.

Un philosophe allemand mort en 1860, dont les doctrines étaient inconnues il y a vingt ans à peine, M. Schopenhauer, s'est posé en adversaire radical de Fichte et de Hégel. Le sage de Francfort (c'est ainsi qu'un critique anglais l'appelle) a trouvé que la volonté est l'hypostase du moi, c'est-à-dire que le moi est la représentation de son substratum la volonté. Transportant ensuite au non-moi ce principe intérieur, ce moi volontaire, il conclut que le principe des êtres c'est la volonté. Tout le reste, même la raison, n'est que phénomène. Cette métaphysique, comme on le voit, se rattache beaucoup à celle de Maine de Biran. Quant à la morale, allant bien au delà de ce que prescrit le christianisme, M. Schopenhauer conclut à l'anéantissement absolu de la personne, et professe une charité sans bornes qui embrasse tous les êtres de l'univers, l'homme, l'animal et même la pierre. Tour à tour spiritualiste ou à peu près en psychologie, panthéiste et matérialiste en morale, cette philosophie composée d'éléments hétérogènes devait susciter de violentes clameurs.

Un philosophe anglais dont le système a eu récemment un succès de curiosité, M. Darwin, explique le mystère des origines par la sélection naturelle. D'après cette théorie, au moyen de quelques types primitifs, ou peut-être d'un seul, la nature aurait fait elle-même toutes les espèces que nous connaissons. Cette théorie n'est en somme qu'une hypothèse séduisante qui ne saurait avoir cours. Selon M. de Quatrefages, si compétent en la matière, cette doctrine est non avenue et sans valeur scientifique. Un penseur distingué de nos jours, M. Auguste Laugel, incline aux idées Darwiniennes. Quoique les ouvrages philosophiques de M. Laugel abondent en considérations élevées sur la nature humaine, quoique pour ce noble esprit il y ait quelque chose en dehors et au-dessus de l'empirisme pur, il n'en est pas moins vrai qu'on peut lui reprocher de trop se désintéresser dans cette antinomie du spiritualisme et du matérialisme.

Dans un ouvrage récent intitulé : *Dieu dans la nature*, M. Camille Flammarion définit sa doctrine le théisme ontologique, non la croyance pure en l'absolu, comme cette définition semblerait l'indiquer, mais une simple aspiration vers l'infini, un effort de l'homme pour connaître l'être nécessaire. Or comme, d'après M. Flammarion, Dieu n'est ni dans l'ordre physique ni en dehors du monde, assertion contradictoire par parenthèse, et que de plus, par sa nature, il est inconnaissable et incompréhensible pour nous, il suit de là que cette doctrine est un effort pour connaître ce qui ne saurait être connu. Et cependant la raison nous affirme invinciblement l'existence de la cause absolue ! C'est un concept *a priori* auquel l'être pensant ne saurait se soustraire. Le Dieu de M. Flammarion, placé en dehors de l'ordre sensible et de l'ordre immatériel, n'est qu'une catégorie vide de sens. Toutefois M. Flammarion se défend de déisme rationaliste et de panthéisme, et professe pour le matérialisme un dédain absolu. Il faut lui rendre cette justice que les sentiments élevés ne font pas défaut à son œuvre : il est fâcheux qu'elle n'aboutisse qu'à une pure entité métaphysique. On pourrait définir cette doctrine « un athéisme involontaire. »

M. Charles Renouvier, partisan bien connu des idées kantiennes, est le chef de l'école critique appelée criticisme. Comme Kant, il soutient que notre connaissance ne dépasse pas les phénomènes. Il combat donc la métaphysique, sans adhérer pour cela au positivisme. Reprenant en sous-œuvre la tâche de Kant, il énumère et classe les catégories sans lesquelles la représentation n'est pas possible. Il remarque que tout est soumis aux catégories supérieures, c'est-à-dire que, dans tout phénomène de connaissance, nous trouvons la force et la cause finale. M. Renouvier combat le panthéisme, et pense aussi que, d'après certaines inductions légitimes, une vie indéfinie doit être. Ainsi, tout en différant des idées spiritualistes, la doctrine de M. Renouvier est d'une morale plus élevée que le positivisme.

Il est trois recueils périodiques de philosophie dont deux, la *Morale indépendante* et la *Libre Conscience*, doivent être rangés parmi les publications spiritualistes, puisqu'ils reconnaissent l'âme et son immortalité. Ce spiritualisme, qui n'est pas le nôtre, pourrait être plus pur; mais on ne peut refuser à ses disciples le savoir et une modération louable dans la discussion. Il n'en est pas de même du troisième recueil hebdomadaire, intitulé la *Pensée nouvelle*. On pourrait classer les adeptes de la *Morale indépendante* parmi ces déistes dont parle Clarke, qui aspirent au progrès en dehors de l'influence divine, et refusent à la divinité le pouvoir et le droit de veiller aux actions humaines. C'est en quelque sorte nier la Providence et méconnaître gravement les lois de la métaphysique, que de faire jouer à Dieu un pareil rôle; car il ne saurait y avoir de morale en dehors du principe éternel et immuable dont elle découle. La morale indépendante est une chimère, et ce Dieu désintéressé aux choses d'ici-bas, sans influence sur les actions humaines, est un Dieu inutile; d'où pour conclusion l'athéisme. Quoiqu'il y ait plusieurs sortes de déistes, leurs doctrines ont un point commun et reposent en général sur un sophisme, l'abstention de toute participation de la Divinité aux affaires humaines. Les uns, nous venons de le voir, veulent que l'homme agisse et tende indéfiniment au progrès en dehors de Dieu ; les autres enseignent que la prière est inutile, Dieu ayant tout réglé dans son infinie sagesse. Un Dieu non agissant est un Dieu découronné, un Dieu incompatible avec les vrais besoins de l'humanité ; et d'un autre côté, si Dieu n'a pas besoin de nos hommages, c'est un besoin pour le fini de remonter vers l'infini, pour l'âme de s'élever sans cesse vers la cause immanente et éternelle. Le déisme rationaliste est la doctrine des écrivains de la *Libre Conscience*. Mais les disciples de cette école ont au moins une morale, et leurs théories diffèrent entièrement de celles de la *Pensée nouvelle*. « Le signe de la mort plus ou moins prochaine du positivisme et des divers matérialismes, dit M. Edmond Douay, n'est-il pas leur impuissance à laisser vivre les sciences morales ? Le positivisme et le matérialisme périront, parce qu'ils ébranlent ou détruisent la morale ; la métaphysique est immortelle, parce qu'elle seule donne au droit et au devoir des bases inébranlables. » Ces pensées sont d'un esprit sage et élevé.

Les limites de cette étude ne comportent guère l'exégèse, et permettent tout au plus un aperçu rapide d'un certain nombre de systèmes philosophiques. Aussi ne ferons-nous pas l'analyse des théories de M. Charles Vogt, du docteur Buchner, auteur de *Force et matière*, et de l'auteur de la *Circulation de la vie*, M. Jac Moleschott. Qu'il suffise de dire que ces doctrines sont l'équivalent de doctrines françaises dont nous avons déjà parlé, et qui, faisant penser la matière cérébrale, enseignent le matérialisme pur et simple. C'est de MM. Buchner et Moleschott, c'est de l'école sensualiste du siècle dernier que se réclament les écrivains de la *Pensée nou-*

*velle.* Ils disent : « Les adeptes [1] des causes premières (effets sans causes) se sont retranchés dans les causes finales ; nous les y traquons. » Ailleurs [2] : « Dans le cerveau, le phosphore est l'agent principal de la pensée. » Et plus loin, dans une lettre au docteur Buchner [3] : « Pas de force sans matière ; là est toute la question, car c'est la négation la plus nette de Dieu, en même temps que celle de l'âme. » Enfin, sans respect pour la mémoire d'un homme illustre [4] : « Cousin n'a rien compris à Descartes, méconnu grossièrement le XVIIIe siècle, et abouti à cette grotesque théorie des quatre systèmes, » etc. Il suffit... Maintenant, qu'on nous permette une réflexion. Étant homme, nous sommes faillible, et beaucoup de choses nous échappent. Nous participons à la vérité absolue, sans doute, mais qui pourrait se flatter d'affecter Dieu dans son infinité ? Malgré cette imperfection, nous pensons, par rapport à nos croyances, qu'elles sont le vrai et que le reste est erreur. Dans cet état d'esprit, quand nous voyons des savants illustres aboutir à l'erreur, cette erreur nous attriste, mais nous respectons leur intègre sincérité. Il n'en saurait être de même vis-à-vis d'un parti pris d'affirmations déclamatoires, et d'une admiration paradoxale pour d'Holbach et Lamettrie. On ne peut avoir beaucoup d'estime pour les écrivains [5] qui admirent de tels hommes et s'en font d'emblée les caudataires. Où domine la violence, où le sérieux fait trop souvent défaut, la discussion est inutile.

Arrivons à la conclusion de ce travail. Puisse-t-il

---

1. *Pensée nouvelle,* du 16 février 1868.
2. *Id.,* 17 novembre 1867.
3. *Id.,* 29 mars 1868.
4. *Id.,* 12 juillet 1868.
5. Ces critiques ne s'adressent qu'aux doctrines.

agréer aux nobles esprits qui se vouent dès leur jeunesse aux mâles études de la pensée! Impitoyable dans sa logique, le matérialiste le plus radical des temps modernes, Hobbes, fit l'apologie de la force. Le matérialisme, cette doctrine funeste, a beau s'abriter sous le manteau d'un faux libéralisme, il ne peut que déshonorer la liberté. Les quelques esprits supérieurs qui le défendent s'agitent dans le vide : vaine abstraction, leur monde purement objectif et phénoménal où se meut une humanité inconsciente. La vraie, la seule méthode psychologique consiste à étudier les phénomènes, et des effets à remonter aux causes. L'être pensant, le moi, prend par la réflexion connaissance de lui-même, et de là s'élève à la cause première. Que les partisans de l'empirisme exclusif en prennent leur parti, cette méthode n'a rien de conjectural. Observation et raison, telles sont les facultés au moyens desquelles on doit résoudre ce double problème, Dieu et l'âme. Par une aspiration sublime, le fini s'élève sans cesse vers l'infini, l'humanité en marche tend à l'idéal, car le monde des sens ne saurait limiter son domaine. Tournons-nous donc du côté de la lumière. Les beaux jours du panthéisme allemand sont passés : la doctrine hégélienne, effort d'un génie prodigieux, avilissait Dieu en faisant Dieu la pensée humaine. Aujourd'hui avec l'hégélianisme n'est pas l'esprit nouveau. Dieu nous garde qu'il soit jamais avec ceux qui nient Dieu et l'âme en matérialisant la pensée, car alors régnerait la force aveugle, et l'avénement du matérialisme serait la ruine de toute liberté. Une aurore nouvelle se lève pour la philosophie du XIXe siècle, et l'avenir lui appartient, pourvu qu'elle ne confonde pas le spiritualisme avec l'idéalisme, et qu'en se rajeunissant au contact de l'esprit nouveau elle marche sagement dans la voie ouverte par Descartes et Leibnitz. Examinons donc ce double problème, Dieu et l'âme, avec un sentiment profond de notre faiblesse, mais aussi avec une confiance légitime dans l'efficacité de la raison. C'est par un profond dédain de la raison humaine que Pascal oublie la dignité de l'homme et la bonté de Dieu : c'est par une confiance absolue dans leurs seules forces, c'est par une exaltation aveugle de la dignité de l'homme que diverses écoles philosophiques aboutissent à l'athéisme. « Surtout, dit Théodore Jouffroy, ne laissons pas s'éteindre cette espérance que la foi et la philosophie allument dans notre âme, et que rend visible par delà les ombres du dernier rivage l'aurore d'une vie immortelle. » Tel est l'enseignement qui ressort de cette étude. Si elle trahit quelque inexpérience, on ne peut du moins contester le souffle généreux qui l'inspire.

*Spiritus intus alit.*

Août 1868.

Paris. — Impr. PILLET fils aîné, rue des Grands-Augustins, 5.

DU MÊME AUTEUR :

# POÈMES ET CHANTS SPIRITUALISTES

Opuscule dédié à l'Académie française.

---

Paris. — Imprimerie de Pillet fils aîné, 5, rue des Grands-Augustins.

www.ingramcontent.com/pod-product-compliance
Lightning Source LLC
Chambersburg PA
CBHW060525050426
42451CB00009B/1173